Inhalt

Das gibt es alles zu entdecken!

Sag mal …

Malik, 8 Jahre
»Wo kann ich Dinos sehen?«

»Im Naturkunde-Museum und in Dino-Parks kannst du Dino-Fossilien oder Nachbildungen bestaunen. Lebende Dinos findest du draußen im Garten oder im Park.«

WEHRHAFT!
Ein harmloser Pflanzenfresser und langsam dazu. Trotzdem: Komme Ankylosaurus nicht zu nahe! Mit dem Knochenhammer hat er schon manchen Raubsaurier erledigt.

Was ist Evolution?

Evolution bedeutet Entwicklung. Die Evolutionstheorie beschreibt, wie sich alles Leben, darunter auch alle Tier- und Pflanzenarten, an die sich stets verändernden Lebensbedingungen anpassen. Diese Entwicklung findet über sehr lange Zeiträume statt. Auch heute noch.

GEFÄHRLICHES RAUBTIER
Die bis zu 1 Meter lange Anomalocaris macht die Meere des Kambriums unsicher. Ihr Name bedeutet ungewöhnliche Garnele. Mit ihren Greifern krallt sie sich die Beute und führt sie direkt zum Maul.

Leben auf der Erde

Es rührt sich was

Vor viereinhalb Milliarden Jahren formen sich aus einer Gas- und Staubwolke die Sonne und die Planeten. Auch die Erde entsteht. Aber Vorsicht! Die Urerde ist glühend heiß und flüssig. Langsam kühlt sie sich ab, und es bildet sich eine feste Kruste. Es regnet Tausende Jahre lang. Ein riesiger Ozean entsteht, aus dem die ersten Urkontinente herausragen.

Die ersten Lebensformen ...
... entwickeln sich im Wasser. Sie ähneln heutigen Bakterien und bestehen nur aus einer einzigen Zelle. Einige dieser Einzeller lernen die Fotosynthese. Das heißt, sie leben von Sonnenlicht, dem Gas Kohlendioxid und Wasser. Aus Einzellern bilden sich andere Zellen, die größer sind und Platz genug haben für einen Zellkern und andere tolle Sachen. Ideal für die Entwicklung von Pflanzen und Tieren und – eh klar: Dinos.

Kambrische Explosion
Schließlich bilden sich Vielzeller. Vor etwa 541 Millionen Jahren wird es dann richtig spannend: Mit Beginn des Zeitalters des Kambriums nimmt die Anzahl der Lebewesen explosionsartig zu. Seitdem hat sich einiges getan.

Die letzten 541 Millionen Jahre ...
... bestehen aus den drei Ären Erdaltertum (Paläozoikum), Erdmittelalter (Mesozoikum) und Erdneuzeit (Känozoikum). Auf der nächsten Seite schauen wir uns diese spannende Zeit näher an.

Super Fakten

1 ***Ären und Perioden***
Große Abschnitte der Erdgeschichte heißen Ären, die kleineren Perioden. Eine **Ära** besteht aus **mehreren Perioden**.

2 ***Giftalarm!***
Sauerstoff war für die meisten Lebewesen **pures Gift**! Doch schließlich entwickelten sich Zellen, die den Sauerstoff nutzten.

3 ***Vulkanismus ist prima***
Die Erde ist ein Vulkanplanet. Das kann gefährlich sein. Doch für das Leben war es klasse! Wahrscheinlich entstand das erste Leben an **vulkanischen Quellen** in der Tiefsee.

541 Millionen Jahre im Schnelldurchlauf

Das Leben und seine Zeitalter

In jedem Zeitalter macht das Leben eine besondere Entwicklung durch. Manche Abschnitte werden durch eine gewaltige Katastrophe, einem Massenaussterben, voneinander getrennt. Danach verändert sich das Leben immer grundlegend.

Kambrium *(vor 541 – 485 Mio. Jahren)*
Hartschalige Meerestiere entstehen, und ein Vorläufer der Wirbeltiere taucht auf. Auf dem Bild siehst du Pikaia. Die feine Linie entlang des Rückens ist so etwas wie eine Urform der Wirbelsäule.

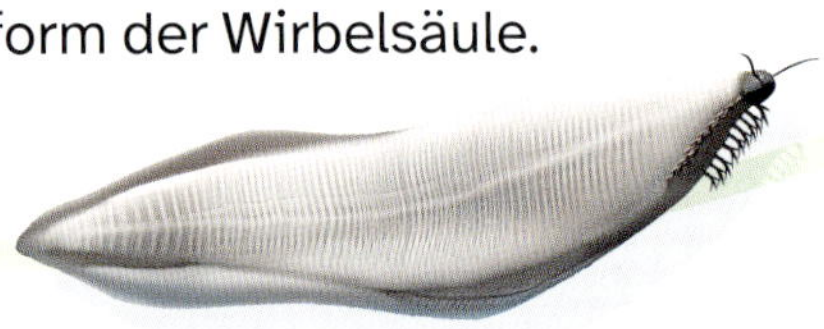

Massenaussterben am Ende des Perm
Etwa neun von zehn Arten sterben aus.

Perm *(vor 299 – 252 Mio. Jahren)*
Reptilien wie das Dimetrodon verbreiten sich. Es sieht aus wie ein Dino, ist aber keiner. Mit dem Perm endet das Erdaltertum.

Trias *(vor 252 – 201 Mio. Jahren)*
Das Erdmittelalter – das Zeitalter der Dinos – beginnt! Es entwickeln sich außerdem weitere Reptilien, darunter Flugsaurier und Meeressaurier sowie die ersten Säugetiere.

Jura *(vor 201 – 145 Mio. Jahren)*
Riesige Dinos entwickeln sich, unter anderem die Sauropoden. Es gibt erste Vögel.

Massenaussterben am Ende der Trias
Acht von zehn Arten sterben aus: Ab jetzt verbreiten sich die Dinos schneller als andere Gruppen von Reptilien.

Ordovizium
(vor 485 – 444 Mio. Jahren)
Erste Fische entwickeln sich. Sie haben noch keine Kiefer wie heutige Fische und statt Knochen ein Skelett aus Knorpel.

Massenaussterben
(vor 444 Mio. Jahren)
85 Prozent der Arten verschwinden.

Silur
(vor 444 – 419 Mio. Jahren)
Erste Pflanzen und Tiere, darunter Gliedertiere, verlassen das Wasser und gehen an Land.

Devon *(vor 419 – 359 Mio. Jahren)*
Fische verbreiten sich. Einige zieht es Richtung Land. Tiktaalik hat Kiemen und eine Lunge und watschelt auf kräftigen Flossen. Aus solchen Fischen entwickeln sich Amphibien mit vier Beinen.

Karbon *(vor 359 – 299 Mio. Jahren)*
Sumpfwälder breiten sich aus. Aus den Amphibien entwickeln sich Reptilien, die weniger auf Wasser angewiesen sind.

Massenaussterben
(vor 383 Mio. Jahren)
Drei Viertel der Arten sterben aus.

Känozoikum
(vor 66 Mio. Jahren bis heute)
Die Erdneuzeit ist das Zeitalter der Vögel und Säugetiere. Das Leben erholt sich von der Katastrophe am Ende der Kreide. Primaten entwickeln sich, so auch der Mensch.

Kreide *(vor 145 – 66 Mio. Jahren)*
Dinos verbreiten sich weiter, darunter T. rex und Triceratops. Erste Blütenpflanzen treten auf.

Massenaussterben am Ende der Kreide
Vor 66 Millionen Jahren trifft ein Asteroid die Erde. Etwa drei Viertel der Arten verschwinden. Einige Vogeldinosaurier und Säugetiere überleben.

Zeitreise zu den Dinos

Die Welt des Erdmittelalters

TRIAS: VOR 252–201 MIO. JAHREN
Alle Landmassen waren miteinander zum Superkontinent Pangäa verbunden. Er war von einem einzigen, gewaltigen Ozean namens Panthalassa umgeben.

JURA: VOR 201–145 MIO. JAHREN
Pangäa begann sich in zwei große Landmassen zu teilen: Laurasia im Norden und Gondwana im Süden. Dazwischen entstand der Tethys-Ozean.

KREIDE: VOR 145–66 MIO. JAHREN
Die Landmassen brachen weiter auf und drifteten auseinander. Große Meere und Ozeane trennten die Kontinente. Auf ihnen entwickelten sich neue Tier- und Pflanzenarten.

Du hast eine Zeitreise gewonnen! Herzlichen Glückwunsch! Was dich erwartet, hängt davon ab, in welche Periode und an welchen Ort du reist. Das Erdmittelalter dauert viele Millionen Jahre: Kontinente brechen auseinander, neue Meere entstehen, und das Klima und das Leben ändern sich immerzu.

Trias – Heuschrecken zirpen

Erste Station: Trias. Hier Wald, dort offenes Land, ein Bach plätschert. Es gibt keine Gräser, keine Blütenpflanzen und auch keine summenden Bienen. Du hörst Laubheuschrecken zirpen. Und da huscht etwas Pelziges vorbei. Ein urtümliches Säugetier schnappt sich eine Heuschrecke. Das rattenkleine Tier könnte dein Vorfahre sein. Und da ist auch ein Dino. Kaum einen Meter lang, läuft Eoraptor flink auf zwei Beinen an dir vorbei. Vielleicht faucht oder gurrt er, um Kontakt zu seinen Artgenossen zu halten? Aber du willst die wirklich großen Dinos sehen. Dann ab in den Jura, das Zeitalter der riesigen pflanzenfressenden Sauropoden.

WAS SIND DAS FÜR TÖNE?
Was Stegosaurus wohl hört? Ein Rascheln im Dickicht? Das Gurren eines anderen Dinos? Wir wissen es nicht. Auf jeden Fall zirpen hier unzählige Heuschrecken.

Super Fakten

❶ *Nebelhorn*
Parasaurolophus konnte mit seinem langen hohlen **Knochenkamm** tiefe Töne erzeugen, die wie das Nebelhorn eines Schiffes klangen.

❷ *Infra-BRUMMM*
Große Dinos verständigten sich möglicherweise über tiefen Infraschall, den wir nicht hätten hören können. Auch **heute lebende Elefanten** unterhalten sich so über große Entfernungen.

WAR DA WAS?! Edmontosaurus weidet in großen Herden. Wer einen Räuber nahen sieht, warnt die anderen mit lauten Rufen.

Jura – Wie es hier müffelt!
Warme feuchte Luft schlägt dir entgegen. Alles ist grün. Die pflanzenfressenden Sauropden futtern unentwegt. Riech mal. Iiiih! Ja, es müffelt gewaltig. Die riesigen Langhalssaurier kauen nicht, sondern überlassen die Verdauung Bakterien in ihren Bäuchen. Dabei entstehen Gärgase – und übel riechende Dino-Pupse.
Dort drüben vergammelt ein Kadaver, gerissen von Allosaurus, dem riesigen Räuber. Vorsicht! Vielleicht ist er noch in der Nähe. Er verrät sich nicht durch Brüllen, eher durch tiefe trommelnde oder gurrende Töne. Sollte er es auf dich abgesehen haben, wird er leise abwarten, bis du ihm nahe genug bist. Schnell weiter!

Kreide – lange Dunkelheit
Die Kreide vor etwa 75 Millionen Jahren, hoch im Norden. Es ist Winter, und das Polarlicht leuchtet am Nachthimmel. Die Nächte dauern Monate. Es liegt Schnee. Brrr! Die Dinosaurier hier haben ein wärmendes Federkleid und sind Warmblüter. So halten sie den Körper stets auf Betriebstemperatur. Vielleicht machen sie ja Winterruhe und wachen gleich auf? Nichts wie weg!

Superechsen

Auf die Beine kommt es an

Die ersten Dinosaurier entwickelten sich aus anderen Vorgänger-Reptilien: Immer neue Arten entstanden und passten sich an die wechselnden Lebensbedingungen an.

Nicht alle Saurier sind Dinos

Aus den gemeinsamen Vorfahren bildeten sich auch andere Reptilien, zum Beispiel Krokodile, Flugsaurier und Meeressaurier. Die Dinosaurier sind also nur ein Entwicklungszweig neben anderen. Nur wer zum Entwicklungszweig der Dinosaurier gehört, ist auch ein Dino. Krokodile sind keine Dinos. Flugsaurier und Meeressaurier sind ebenfalls keine Dinosaurier. Auch wenn sie zur gleichen Zeit wie die Dinosaurier gelebt haben und schrecklich interessant sind.

Was machte die Dinos so erfolgreich?

Die Stellung ihrer Beine hatte einen großen Vorteil für die Dinos. Sie standen nämlich senkrecht unter dem Rumpf. So konnten schwere Dinos ihr enormes Gewicht tragen.

AHA

Was ist ein Dino?

Dinosaurier waren Reptilien, die an Land lebten. Manchmal werden sie auch Echsen genannt. Sie waren Landwirbeltiere mit vier Gliedmaßen. Einige liefen auf vier Beinen, manche auf ihren zwei Hinterbeinen. Andere konnten zwischen zwei- und vierbeiniger Fortbewegung wechseln.

SUPER ANGEBRACHT
Ein Teil des Erfolgs der Dinosaurier war die Stellung ihrer Beine.

BECKENKNOCHEN
Hier siehst du die Stellung der drei Beckenknochen, nach der die Dinosaurier in zwei große Gruppen eingeteilt werden können. Braun ist das Sitzbein, rot das Schambein und orangefarben das Darmbein.

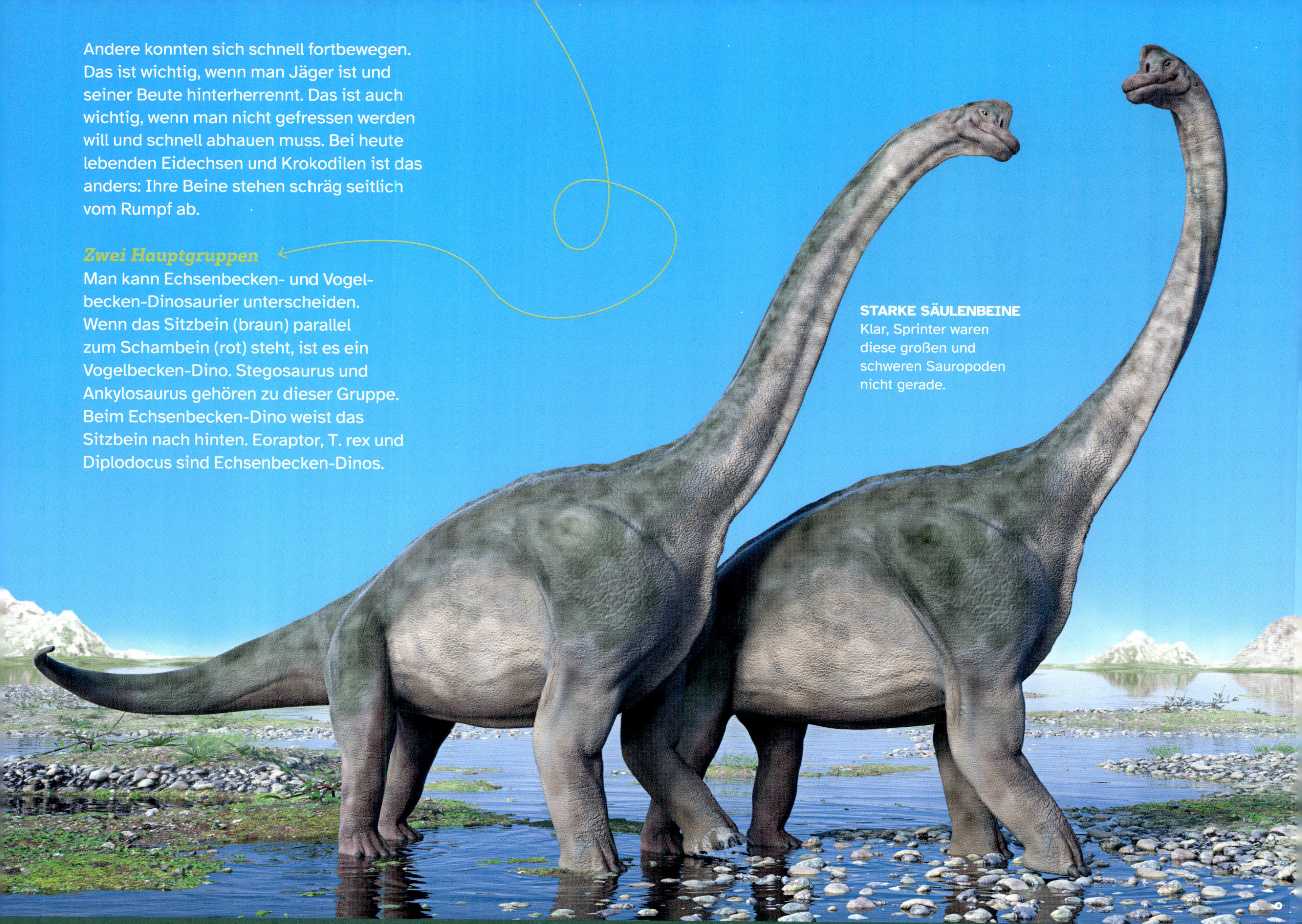

Andere konnten sich schnell fortbewegen. Das ist wichtig, wenn man Jäger ist und seiner Beute hinterherrennt. Das ist auch wichtig, wenn man nicht gefressen werden will und schnell abhauen muss. Bei heute lebenden Eidechsen und Krokodilen ist das anders: Ihre Beine stehen schräg seitlich vom Rumpf ab.

Zwei Hauptgruppen

Man kann Echsenbecken- und Vogelbecken-Dinosaurier unterscheiden. Wenn das Sitzbein (braun) parallel zum Schambein (rot) steht, ist es ein Vogelbecken-Dino. Stegosaurus und Ankylosaurus gehören zu dieser Gruppe. Beim Echsenbecken-Dino weist das Sitzbein nach hinten. Eoraptor, T. rex und Diplodocus sind Echsenbecken-Dinos.

STARKE SÄULENBEINE
Klar, Sprinter waren diese großen und schweren Sauropoden nicht gerade.

Baby? Teenager? Erwachsener?

Dinosaurierknochen legten jedes Jahr eine neue Knochenschicht an. Forschende zählen die Wachstumsringe im Knochen ab und bestimmen so das Alter – wie bei den Jahresringen der Bäume.

AHA

MAIASAURUS-KOLONIE
Maiasaurus bedeutet Gute-Mutter-Echse. Maiasaurus brüteten in großen Gruppen und konnten so ihre Eier und den geschlüpften Nachwuchs gut gegen Fressfeinde verteidigen.

Vom Ei zum Dino

Alles für die lieben Kleinen

Wie kamen Dinos auf die Welt? Ganz einfach: Sie schlüpften aus einem Ei. Alle Dinosaurier legten Eier. Manche Arten brüteten sie mit ihrer Körperwärme aus. Die Sauropoden konnten das nicht – sie waren dafür einfach zu schwer.

TOLLE FUNDE
Viele Fossilien, also Versteinerungen, von Eiern und geschlüpften Jungtieren wurden in der Wüste Gobi in der Mongolei gefunden.

Supertrick

Sauropoden legten die Eier in eine Bodengrube und deckten sie ab. Sonne, Erdwärme und die Wärme der verrottenden Pflanzen brüteten die Eier aus. Die Eltern hielten sich wohl in der Nähe auf, um Eierdiebe zu verscheuchen.

Ein Dino wird groß

Fossilien von Eiern, geschlüpften Jungtieren und erwachsenen Tieren zeigen, wie zum Beispiel ein Protoceratops herangewachsen ist. Im Laufe seines Lebens veränderte er auch sein Aussehen: Es bildeten sich Merkmale wie der Nackenschild heraus, die halfen, einen Fortpflanzungspartner zu finden.

Fürsorgliche Dinos

Beim Schlüpfen waren Maiasaurus-Babys etwa 30 Zentimeter lang. Sie mussten viel fressen, um auf neun Meter Länge anzuwachsen. Und das musste schnell geschehen. Denn die Kleinen liefen ständig Gefahr, von Räubern gefressen zu werden. Ihre Eltern beschützten sie in der Anfangszeit.

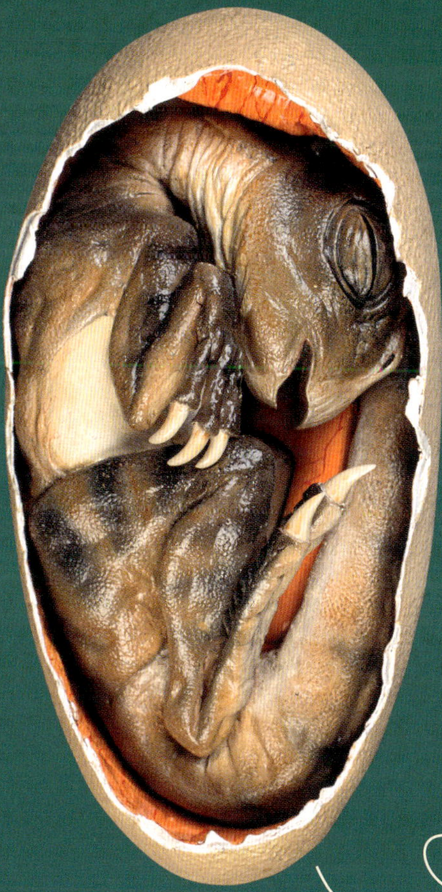

ACH WIE SÜSS!
Etwa 83 Tage wuchs ein Protoceratops im Ei heran.

Happs und weg

Fleischfresser liebten es blutig

Alle Dinos jagten ihrer Beute hinterher? Von wegen! Es gab sehr viel mehr pflanzenfressende als räuberische Dinos. Und es gab Allesfresser, die beides fraßen, Pflanzen und Tiere.

Was heißt denn hier Fleisch?

Fleisch, das konnten Insekten, Würmer und andere Krabbel- oder Kriechtiere sein. Kleinere Reptilien, Fische oder Säugetiere konnten räuberische Dinos in einem Happs fressen. Von größeren Tieren mussten erst Fleischbrocken herausgerissen oder herausgeschnitten werden. T. rex verbiss sich in seine Beute und bewegte seinen Kopf ruckartig seitwärts. Fleischfresser gab es auch reichlich unter den Meeres- und Flugsauriern.

AHA

Mir entgeht nichts!

In Filmen brüllt und trampelt T. rex, was das Zeug hält. Durch sein großes Gewicht hätte er sich beim heftigen Auftreten aber die Zehenknochen gebrochen. Und seiner Beute verraten, dass er in der Nähe ist? So dumm war er nicht! T. rex konnte Entfernungen gut abschätzen. Getarnt wartete er darauf, dass ein Beutetier nahe genug kam. Dann sprintete er los.

WENIGER VERLETZUNGSGEFAHR
Wenn ein großer Raubsaurier im Blutrausch war, biss er schon mal den Arm eines Artgenossen ab – versehentlich, versteht sich. Im Laufe der Evolution haben sich dann die kurzen Ärmchen des T. rex herausgebildet.

LANGE SPITZE ZÄHNE
Die Zähne von Spinosaurus waren ideal, um zappelnde Fische festzuhalten. Auch die scharfen Krallen halfen ihm beim Fischfang. Wahrscheinlich fraß er aber auch kleinere Dinos.

Frischfleisch oder Aas?

Und was ist mit Aas, also mit Tieren, die gestorben sind, weil sie alt oder krank waren oder von anderen Tieren erlegt wurden? Sehr wahrscheinlich haben räuberische Dinosaurier auch Aas gefressen, vielleicht sogar das Fleisch toter Artgenossen. Das zeigen Bissspuren von T. rex-Zähnen an T. rex-Knochen.

Supernasen

Der Abdruck eines T. rex-Gehirns und die feinen Kanäle für Nervenfasern in den Knochen seiner Schnauze zeigen, dass T. rex einen guten Geruchssinn hatte. Er witterte Beutetiere und Aas schon von Weitem. Nicht nur T. rex, auch andere räuberische Dinos hatten eine empfindliche Nase.

TYPISCH FÜR RÄUBER
Die scharfen Zähne und der kräftige Unterkiefer mit den starken Muskeln verraten den Fleischfresser. Die kurzen Ärmchen waren bei der Jagd eher weniger nützlich.

Jetzt wird's wild!

Die Waffen der Dinos

Dinosaurier besaßen jede Menge Angriffs- und Verteidigungswaffen: Die räuberischen Dinos hatten Klauen und Zähne und die Pflanzenfresser Hammerkeulen, Stichwaffen und Peitschenschwänze.

Mit den Sichelklauen der Füße drückte **Deinonychus** wahrscheinlich seine Beute nieder.

Viele Dinos wie zum Beispiel **Triceratops** verteidigten sich mit Hörnern. Das Nackenschild bot einen gewissen Schutz gegen tödliche Bisse.

Die Hammerkeule eines **Ankylosauriers** konnte Knochen brechen.

Sieht fies aus. Ist aber die Verteidigungswaffe eines Pflanzenfressers: Die 1 Meter langen Klauen gehören **Therizinosaurus.**

Ein wuchtiger Schlag mit dem Peitschenschwanz eines **Sauropoden** konnte Angreifern arg zusetzen.

Iguanodon, ein Pflanzenfresser, hatte als einzige Verteidigungswaffe an jeder Hand einen spitzen Daumenstachel.

Im Kampf versteinert

Nicht nur Dinos kämpften miteinander. Chinesische Paläontologen entdeckten das Fossil von Repenomamus, einem fleischfressenden Säuger, der sich in einen erheblich größeren Dino, einen pflanzenfressenden Psittacosaurus verkrallt und verbissen hatte. Die Geschichte ging für beide dumm aus. Sie wurden von einer Schlammlawine erfasst und versteinerten darin.

STEGOSAURUS
Knochenplatten auf Rücken und Schwanz boten Schutz. Die vier langen Stacheln am Ende des Schwanzes waren echt gefährlich!

Riesige Sauropoden

Gemütlich, aber gefährlich

Im Jura war es warm und feucht. Bäume, Farne und Schachtelhalme wuchsen in Massen, sodass sich große pflanzenfressende Dinosaurier, die Sauropoden, entwickeln konnten.

Je größer, desto besser

Ihre Größe schützte die Sauropoden davor, gefressen zu werden. Welcher Räuber möchte schon von einem viele Tonnen schweren Sauropoden erdrückt werden – eine Tonne sind 1000 Kilogramm! Oder einen Schlag mit dem kräftigen Peitschenschwanz abbekommen? Sauropoden wie Diplodocus lebten zudem in Herden und schützten so ihren Nachwuchs. Selbst ein großer Fleischfresser wie Allosaurus wird es sich zweimal überlegt haben, sich mit einem ausgewachsenen Diplodocus anzulegen.

Wer groß sein will …

… muss ständig und viel fressen. Die Sauropoden hatten nicht einmal Zeit zum Kauen! Die Zähne in ihren kleinen Köpfen waren nur dazu da, Blätter und andere Pflanzenteile abzureißen. Die Tiere schluckten alles unzerkaut runter.

Echt praktisch!
Der lange Hals der Sauropoden half, Energie zu sparen: Das Tier stellte seinen schweren Rumpf an einen passenden Ort und weidete große Flächen ab.

Magensteine
Die Sauropoden verschluckten beim Fressen unabsichtlich Steine, die sie mit wichtigen Mineralstoffen versorgten.

Dino-Pupse
Die Verdauung übernahmen Bakterien im massigen Rumpf. Dabei entstanden jede Menge Gärgase, und so rülpsten und pupsten die Sauropoden unentwegt!

DIE BERÜHMTESTEN SAUROPODEN

Seismosaurus
bis zu 32 Meter lang

Diplodocus
bis zu 27 Meter lang

Brachiosaurus
bis zu 23 Meter lang

Kein Überschall-Knall
Die Sauropoden konnten ihren Schwanz nicht wie eine Peitsche knallen lassen. Dazu hätte die Schwanzspitze auf Überschall-Geschwindigkeit beschleunigt werden müssen und wäre abgebrochen.

Diplodocus

Bedeutung	Doppelbalken
Zeit	vor 157 – 145 Mio. Jahren, Jura
Lebensraum	Baumsteppen, bewaldete Gebiete
Länge	27 Meter
Gewicht	10 – 16 Tonnen
Fundort	Nordamerika
Nahrung	Pflanzen, z. B. Blätter und Nadeln
Gruppe	Echsenbecken-Dinosaurier

Kleine Riesen!

In der Jurazeit war der Meeresspiegel höher und Europa eine Inselwelt. Auf den kleinen Inseln gab es nur begrenzt Nahrung. So entwickelten sich dort kleinere Sauropoden, die mit weniger Nahrung auskamen. Der Sauropode Europasaurus war ein solcher Inselzwerg. Er wurde bis zu 8 Meter lang.

Lecker Grünzeug

Fressen! Nicht gefressen werden!

Die meisten Pflanzenfresser hatten weder die geeigneten Zähne noch Krallen, um sich gegen hungrige Angreifer wehren zu können. Wer schnell war, machte sich bei drohender Gefahr aus dem Staub.

Gründlich kauen

Pflanzenfressende Dinos ernährten sich vor allem von buschartigen Pflanzen: Schachtelhalme, Farne, Ginkgos und Palmfarne sowie Nadelbäume. Du erkennst diese Dinos übrigens an ihren Zähnen. Je nachdem, wo sie lebten und was es zu fressen gab, sahen ihre Gebisse anders aus. Sauropoden hatten stiftartige Zähne wie Kämme, mit denen sie Nadeln oder Blätter von Bäumen rupften. Sie zerkauten ihre Nahrung nicht. Ganz anders sahen die Zähne der Hadrosaurier oder Entenschnabelsaurier aus. Sie hatten

SÄBELKRALLEN!
Sein Name bedeutet Sensenechse. Therizinosaurus hatte scharfe säbellange Klauen. Außerdem schreckte er durch seine Größe so manchen Angreifer ab. Allein seine Arme waren 2,5 Meter lang. Mit den Krallen konnte er auch Äste zum Maul heranziehen.

FUTTERN, FUTTERN, FUTTERN
Edmontosaurus weidete niedrig wachsende Pflanzen ab.

über tausend kleine Zähne in Unter- und Oberkiefer, die reihenweise hintereinander angeordnet waren. Damit zerschnitten sie die Blätter zuerst und zermahlten sie dann zu einem Brei.

Schnell weg!

Der schnellste Dino war Gallimimus: Mit bis zu 80 Sachen brauste er davon. Edmontosaurus und andere Hadrosaurier lebten in Herden und warnten sich bei drohender Gefahr, sodass sie Räubern rechtzeitig ausweichen konnten. Einige Pflanzenfresser waren aber gepanzert oder hatten Verteidigungswaffen. Ankylosaurier zum Beispiel teilten mit der Schwanzkeule knochenbrechende Schläge aus.

Super* Fakten

1 *Schnelle Zweibeiner*

Pflanzenfresser wie die Hadrosaurier hatten fast die **gesamte Umgebung** im Blick. Entdeckten sie Angreifer frühzeitig, konnten sie schnell auf zwei Beinen fliehen.

2 *Langsamere Vierbeiner*

Sie konnten nicht so schnell davonlaufen. Aber sie waren gut **gepanzert** oder **bewaffnet**. Oder beides!

Familie? Gattung? Art?

Lebewesen mit gemeinsamen Merkmalen werden in Familien, Gattungen und Arten unterteilt. Eine Familie umfasst mehrere Gattungen und eine Gattung mehrere Arten. Zur Familie der Hadrosaurier gehören Gattungen wie Edmontosaurier und Maiasaurier. In der Gattung Edmontosaurier gibt es zwei Arten, darunter Edmontosaurus regalis.

Im Gespräch mit ...

Tyrannosaurus rex, König der Schreckensechsen
Er gehört zur Gruppe der Echsenbeckensaurier und lebte in der Oberkreide vor 68 bis 66 Millionen Jahren.

Haushuhn (*Gallus gallus domesticus*), häuslicher Hahn
Auch das Haushuhn gehört zur Gruppe der Echsenbeckensaurier. Es entwickelte sich vor etwa 8 000 Jahren.

TYRANNOSAURUS REX UND DAS HAUSHUHN, WAS HABT IHR GEMEINSAM?

HUHN: Wir sind beide Dinos. Gack!

T. REX: Was bist denn du für ein komischer Vogel?! Wenn einer ein Dino ist, dann ich. Roooaaaar!

HUHN: Ich bin auch ein Dino! Sieh dir nur meine Füße an. Original Dino-Füße. Gack-gack!

T. REX: Weißt du, was *rex* bedeutet? Ich bin der König der Dinos!

HUHN: Falls es dir nicht aufgefallen ist: Du bist ausgestorben und ich lebe. Meine Vorfahren waren einfach besser.

EURE SKELETTE SIND JA SEHR ÄHNLICH: EIN T. REX IST NÄHER MIT VÖGELN VERWANDT ALS MIT KROKODILEN UND ALLIGATOREN.

T. REX: Krokodile sind eh eine Fehlkonstruktion. Da sind die Beine ja ganz falsch angebracht.

HUHN: Aber wir beide – wir Dinos – haben prima Beine. Direkt unter dem Körper. Guck mal, wie ich laufen kann.

T. REX: Echt beeindruckend. Und was sagst du zu meinen Füßen?

HUHN: Reden wir doch mal über deine Arme. Die sind lächerlich. Ich aber habe Flügel und kann fliegen. Guck mal!

T. REX: Das ist ja eher ein Flattern. Ein Dino muss wild sein und gefährlich.

HUHN: Wer sagt denn, dass ich das nicht bin?! Ich fresse sogar lebendige Würmer! Und Eidechsen. Und kleine Schlangen und Mäuse. Also, manchmal.

WELCHE BOTSCHAFT HABT IHR FÜR UNSERE LESENDEN?

T. REX: Asteroiden sind doof!

HUHN: Lebe wild und gefährlich! RooaaaAAARRRR!

Dinos sind überall!

Das Huhn stammt nicht von T. rex ab, ist aber um Ecken mit ihm verwandt. Hühner – wie alle Vögel – sind die Nachfahren einer gewissen Gruppe von Raubdinosauriern, den Theropoden. Genau genommen sind auch Vögel Dinosaurier. Wir leben heute also immer noch im Zeitalter der Dinos.

Dinos und Federn

Endlich abheben

Der erste Dinosaurier mit Federn wurde 1859 in einem Kalksteinbruch in Süddeutschland gefunden: Archaeopteryx. Damals gab es hitzige Diskussionen, was Archaeopteryx denn nun sei. Ein Reptil? Oder ein Vogel? Heute wissen wir: Vögel stammen von gefiederten Dinosauriern ab und sind somit auch Dinos.

Lange vor den Urvögeln

Vor rund 30 Jahren wurden im Nordosten Chinas die ersten zweibeinigen Theropoden entdeckt, die Federn hatten. Diese gefiederten Dinosaurier lebten viele Millionen Jahre vor den ersten flugfähigen Urvögeln. Einige hatten nur eine Art Flaum am Körper. Andere hatten bereits stärker verzweigte Federbüschel oder Federn. Zum Abheben taugten die aber noch nicht.

Je auffallender, umso besser

Federn halten warm und lassen Wasser abperlen. Federn können auch einfach nur schön sein. Wer prächtig schwarz glänzte wie Archaeopteryx, hatte die besten Chancen, einen Partner zu finden und sich fortzupflanzen. Andere Dinos hatten bunte Federn oder beeindruckende Federbüschel.

Super* Fakten

❶ *Dino-Erbe Krallen*

Auch einige heutige Vögel haben **Krallen an den Händen**. Die Küken des südamerikanischen Hoatzin klettern damit in den Bäumen herum. Erwachsene Hoatzine gebrauchen ihre Krallen nicht mehr.

❷ *Dino-Erbe Schwanz*

Heutige Vögel haben keinen Knochenschwanz. Doch während der **Entwicklung im Ei** bildet sich zunächst ein Schwanz, der später wieder verschwindet.

ETWA TAUBENGROSS
Archaeopteryx war ein eher mittelmäßiger Flugkünstler. Aber Fliegen verschaffte ihm einen Vorteil bei der Jagd. Und er konnte so Räubern leichter entkommen.

Für was Federn sonst noch gut sind

Gefiederte Dinos setzten ihre kleinen Flügel auch beim Rennen ein: So hatten sie eine bessere Bodenhaftung und konnten enge Kurven laufen. Einige konnten kurze Strecken flattern oder mit Hüpfern einem Räuber entkommen. Die Krallen an den Händen waren super, um an Bäumen hochzuklettern und von hoch oben Gleitflüge zu starten. Gute Flieger hatten leichte Knochen und starke Brustmuskeln, die an einem großen Brustbein ansetzten. Bis zum echten Fliegen musste die Natur aber noch einiges an Entwicklungsarbeit leisten.

Sag mal …

Paul, 8 Jahre

»Welche Farbe hatte Archaeopteryx?«

»Er war schwarz wie ein Rabe. Mit einem hoch vergrößernden Mikroskop können Forschende winzige Farbkörperchen, sogenannte Melanosomen, in den Federn sehen. Je nach Farbe der Feder sind sie unterschiedlich. Die Melanosomen der Fossilien werden mit denen heute lebender Vögel verglichen.«

Archaeopteryx

Bedeutung	Uralter Flügel
Zeit	vor 151–145 Mio. Jahren, Jura
Lebensraum	Waldgebiete
Länge	etwa 45 Zentimeter
Gewicht	bis 1 Kilogramm
Fundort	Solnhofen in Süddeutschland
Nahrung	Insekten und kleinere Reptilien
Wo zu sehen?	z. B. im Jura-Museum in Eichstätt, Bayern

Fliegende Echsen

Hoch hinaus

Pterosaurier, auch Flugsaurier genannt, waren die ersten Wirbeltiere, die fliegen konnten. Sie teilen sich mit den Dinos zwar Vorfahren, sind aber keine Dinos. Die ersten Flugsaurier tauchten in der Trias auf und verschwanden mit dem Ende der Kreidezeit.

Fliegen mit Superhaut

Flugsaurier sind nicht die Vorfahren der Vögel. Sie hatten auch keine Schwingen mit Flugfedern, sondern ledrige Flughäute. Hast du schon mal eine Fledermaus gesehen? Ihre Flughaut sieht so ähnlich aus. Je größer die Hautflügel, umso größer der Auftrieb. Das erklärt auch, warum der vierte Finger der Pterosaurier extrem lang war. So konnte das Tier eine größere Tragfläche aufspannen. Die Flughaut war von festen und dennoch biegsamen Fasern durchzogen. Das machte sie enorm widerstandsfähig. Mit vielen kleinen Muskeln in der Haut konnte der Pterosaurier Form und Krümmung der Flügel schnell verändern. So waren auch extreme Flugmanöver kein Problem.

WEG MIT DEM SCHWANZ!
In der Trias waren Langschwanz-Pterosaurier häufig. Am Schwanzende saß ein meist rautenförmiges Segel zum Steuern. Aus ihnen entwickelten sich Kurzschwanz-Flugsaurier mit längeren Hälsen, die so noch wendiger und geschickter fliegen konnten.

Mit und ohne Zähne

Fliegen ist anstrengend. Deshalb mussten Flugsaurier viel fressen. Einige kamen ganz ohne Zähne zurecht und klemmten Fische mit ihrem Schnabel ein. Andere hatten scharfe, hakenförmige Zähne – ideal, um glitschige Fische zu schnappen. Pterodaustro hatte viele Hundert lange Zähne im Unterkiefer – zum Zubeißen völlig ungeeignet, aber klasse zum Filtrieren: Er nahm einen großen Schluck Wasser und ließ es durch die Zähne laufen. Zurück blieben kleinere Fische, Krebstiere und Kleinstlebewesen.

GROSSE TRAGFLÄCHE
Die Flughaut war zwischen dem Arm und dem Körper bis zu den Hinterbeinen aufgespannt. Der stark verlängerte vierte Finger sorgte für eine vergrößerte Tragfläche und damit für starken Auftrieb.

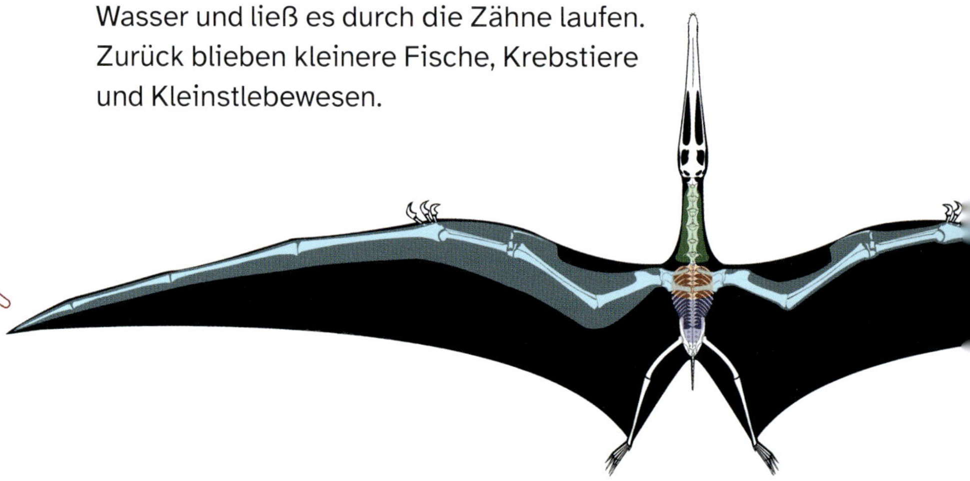

LEICHT GEBAUT – PTERODACTYLUS
Viele Knochen der Flugsaurier waren extrem dünnwandig und hohl. Feine Verbindungen im Inneren des Knochens machten sie stabil und leicht zugleich.

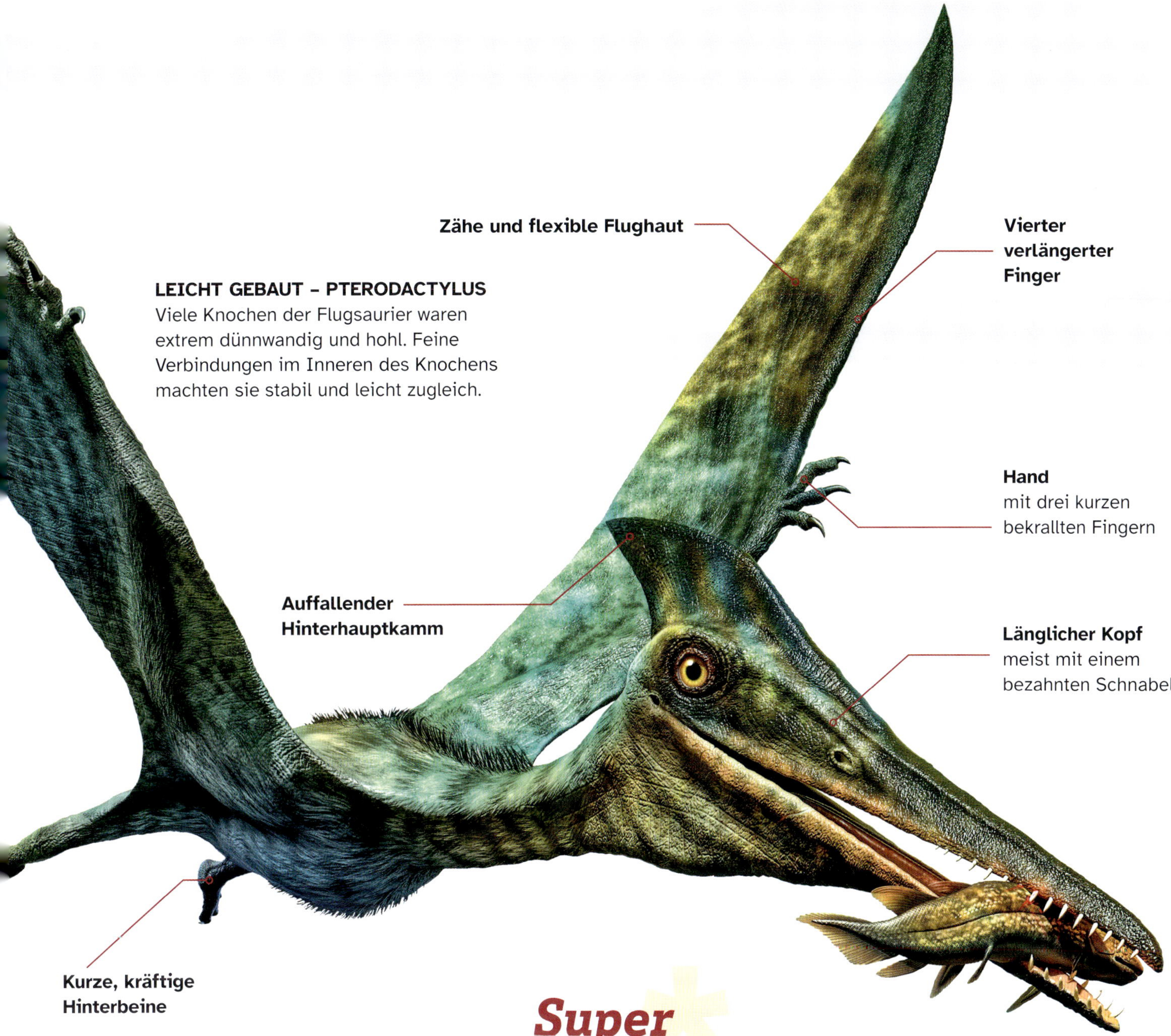

Super Fakten

1 ***Bin ich nicht hübsch?***
Viele Flugsaurier-Männchen trugen **große Kämme** auf dem Kopf. So machten sie die Weibchen auf sich aufmerksam.

2 ***Pink wie ein Flamingo?***
Wenn sich **Pterodaustro** wie ein Flamingo von Krebsen ernährt hat, könnte er genauso gefärbt gewesen sein. Heute lebende Flamingos lagern den **Farbstoff** der Krebsschalen in ihre Federn ein.

3 ***Riesenflieger***
Quetzalcoatlus hatte eine Flügelspannweite von **12 Metern** – war also so groß wie ein kleines Flugzeug!

Gefahr im Wasser!

Schwimmende Reptilien

Meeressaurier waren Reptilien, die dauerhaft im Wasser lebten. Es gab sie im gesamten Erdmittelalter, also in Trias, Jura und Kreide. Am Ende der Kreide starben sie mit den meisten Dinos und den Flugsauriern aus.

Raus aus dem Wasser ...
... und wieder rein! Ursprünglich entwickelten sich aus Fischen erst Amphibien und aus diesen dann Reptilien. Aus Flossen wurden Beine. Statt mit den Kiemen atmeten die Landtiere mit der Lunge. Einige Reptilien kehrten jedoch zurück ins Wasser. Aus Beinen wurden wieder Flossen, aber die Lungenatmung blieb. Deswegen mussten Meeressaurier zum Luftholen an die Wasseroberfläche.

Tipp für Zeitreisen ins Erdmittelalter
Lass deine Badesachen ruhig zu Hause. In den Meeren des Erdmittelalters gab es jede Menge großer räuberischer Fische und Meeressaurier, denen du lieber nicht im Wasser begegnen möchtest. Einige davon waren größer als ein Reisebus. Es gab aber auch harmlose Planktonfresser oder Räuber, die sich auf kleinere Beutetiere spezialisiert hatten.

Super* Fakten

1 *Schlangenhals*
Albertonectes war ein Meeressaurier mit ungewöhnlich vielen Halswirbeln. Sein bis zu 7 Meter langer Hals bestand aus **76 Wirbeln**. Zum Vergleich: Die Giraffe hat nur sieben Halswirbel, so wie alle Säugetiere.

2 *Baby kommt – ab in die Klinik!*
Ichthyosaurier brachten ihre Jungen in geschützten Meeresbuchten zur Welt. Diese **Geburtskliniken** wurden wohl über Jahrmillionen von den Tieren aufgesucht.

3 *Ganz schön schlau*
Zum Jagen parkten Plesiosaurier ihren Körper in einem **Versteck**. Mit ihrem langen Hals stießen sie plötzlich in einen Fischschwarm und schnappten sich ihre Beute.

LIOPLEURODON
Bis zu 9 Meter lang konnte Liopleurodon werden. Anders als **Plesiosaurier** hatte dieser **Pliosaurier** einen kurzen Hals. Sieh dir mal seine dolchartigen Zähne an. Sie waren doppelt so lang wie die von T. rex.

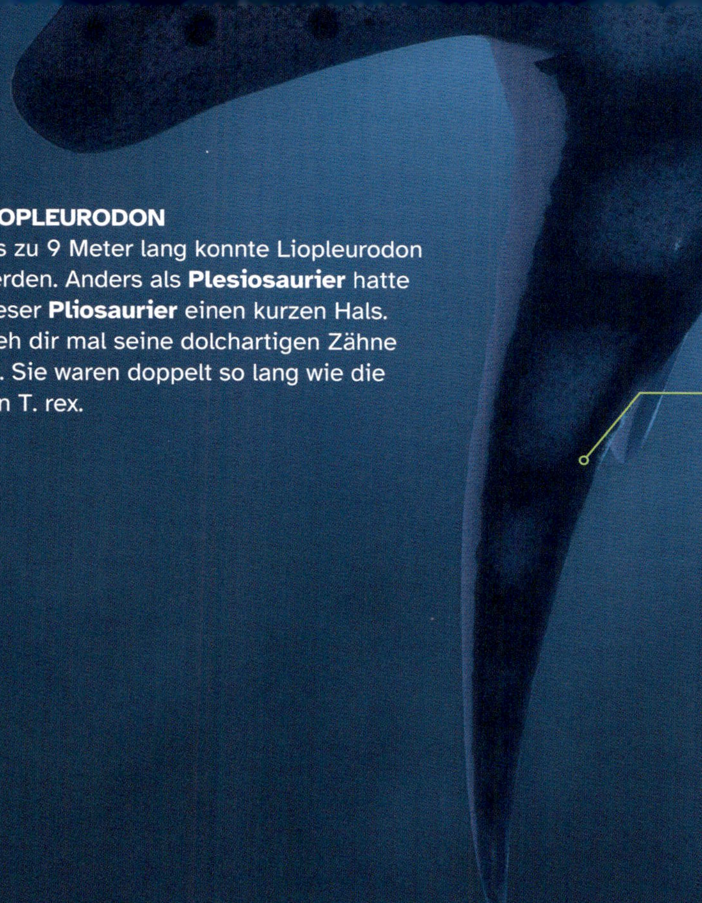

DIE GROSSEN GRUPPEN DER MEERESSAURIER

STROMLINIEN-FLITZER
Ichthyosaurier, also Fischsaurier, hatten einen fischähnlichen und stromlinienförmigen Körper. Mit der senkrecht stehenden Schwanzflosse konnten sie ordentlich Gas geben.

KURZE UND LANGE HÄLSE
Die meisten **Plesiosaurier** hatten sehr lange Hälse und kleine Köpfe. Einige hatten massigere Köpfe und kurze Hälse. Einen besonders langen Hals hatte Elasmosaurus – bis zu 10 Meter.

EINFACH NUR GEFRÄSSIG
Ganz kurze Hälse hatten **Pliosaurier** wie Liopleurodon – ein sehr ungemütlicher und immer hungriger Räuber. Der Saurier konnte bis zu 9 Meter lang werden.

»Am liebsten suche und finde ich **Fossilien.**«

Prof. Dr. Oliver Rauhut

AHA

Was ist Paläontologie?

Anhand von Fossilien erforschen Paläontologinnen und Paläontologen die Entstehung und Entwicklung des Lebens. Dort, wo sich Gesteinsschichten aus der Zeit befinden, für die sie sich besonders interessieren, suchen sie nach Fossilien.

FRISCH AUS DEM 3-D-DRUCKER
Das ist der Schädel eines Irritators aus Südamerika. Der dunklere Schädel links ist ein Abguss des Originalfossils. Du kennst bestimmt Spinosaurus. Sein Schädel hat so ähnlich ausgesehen, war aber etwa dreimal so lang.

Im Gespräch mit ...

Oliver Rauhut, Paläontologe
Er ist Professor an der Ludwig-Maximilians-Universität München und Konservator an der Bayerischen Staatssammlung für Paläontologie und Geologie. Sein Spezialgebiet sind die Theropoden, zweibeinige Raubsaurier – aber auch andere Wirbeltiere der Jurazeit.

WÜRDEST DU GERNE MIT EINER ZEITMASCHINE INS ERDMITTELALTER REISEN?

Oh ja. Ich würde gerne herausfinden, ob das, was wir aus den Fossilien herauslesen, auch wirklich stimmt. Aber eine solche Zeitreise ist nicht ganz ungefährlich.

WAS WÄRE DIE GRÖSSTE GEFAHR? DIE RAUBSAURIER?

Klar, von ihnen halte ich mich besser fern. Aber viel gefährlicher sind Viren und Bakterien. Mein Immunsystem wäre sehr wahrscheinlich nicht auf die fremden Keime vorbereitet, und ich würde schnell sehr krank.

WAS WÜRDEST DU DAGEGEN TUN?

Unbedingt alle nur verfügbaren Antibiotika mitnehmen. Mich nicht von Insekten stechen lassen. Nicht alles anfassen.

DANKE, DAS SIND JA SCHÖNE AUSSICHTEN.

Komm doch mal mit zu einer meiner Ausgrabungen nach Argentinien in Südamerika. Auf der nächsten Seite erfährst du ganz viel darüber.

Dinos suchen und finden

Am besten eine neue Art

Was soll ich studieren? Paläontologie oder doch lieber Luft- und Raumfahrttechnik? Das fragte sich Oliver Rauhut nach dem Abitur. Heute ist er Dino-Forscher. Er studierte zunächst Geologie. Geologen untersuchen die Gesteinsschichten der Erde. Im Laufe seines Studiums legte er sich dann auf Paläontologie fest.

DA MÜSSEN WIR DURCH
Um an die Fossilien zu kommen, wird das harte Sediment mit dem Presslufthammer abgetragen. Sedimente sind feine Gesteinsteilchen, die durch Gletscher, Wasser oder Wind transportiert und abgelagert werden. Unter Druck werden sie zu festem Gestein.

Jede Menge Fragen

Moderne Paläontologinnen und Paläontologen wie Oliver Rauhut interessieren sich für einzelne Fossilien, aber nicht nur. Sie wollen auch wissen: Welche anderen Tiere gab es zu jener Zeit? War es feucht oder trocken, warm oder kalt – und welche Pflanzen wuchsen? Deshalb müssen er und sein Team sich auch sehr gut in vielen anderen Wissenschaften auskennen: Biologie, Chemie, Geologie, Physik und Mathematik.

Ausdauer, Geduld und Spaß!

Ausgrabungen machen nur einen kleinen Teil der Arbeit aus. Paläontologinnen und Paläontologen verbringen viel Zeit am Computer, werten Funde aus und schreiben Artikel für Fachzeitschriften. Um Fossilien miteinander vergleichen zu können, müssen sie gut in Mathe sein. Außerdem ist es wichtig, gut Englisch zu können, da sie Vorträge meist auf Englisch halten.

Auf nach Argentinien!

Am liebsten gräbt Oliver Rauhut Dinosaurier aus, vor allem in Patagonien, Argentinien. Gleich nach seiner Doktorarbeit über Theropoden, also zweibeinige Räuber wie T. rex, konnte er in Argentinien forschen. Dort hat er mehrere neue Dinosaurierarten entdeckt. Dabei half ihm auch der Schafzüchter Daniel Mesa.

DAS WAR MAL EIN DINO
Was für ein Riesending. Vorsichtig wird das Sediment von den fossilen Knochen entfernt. Um welche Art es sich handelt, kann erst im Labor festgestellt werden.

Eine spannende Entdeckung

Da die Landschaft öde und karg ist, die Straßen schlecht und die nächste größere Stadt weit entfernt, helfen die Ausgrabenden den Bauern beim Transport von Lebensmitteln. Und die Bauern helfen beim Finden und Ausgraben von Fossilien. Daniel Mesa zeigte Oliver Rauhut, wo große versteinerte Knochen im Boden lagen. Das versprach spannend zu werden.

Kurzhalsiger Langhalsdinosaurier

Das Fossil war die Wirbelsäule eines fast zehn Meter langen Dinosauriers mit auffallend kurzem Hals. Wo heute Schafe weiden, lebte dieser Dino vor rund 160 Millionen Jahren. Und weil er eine neue Art ist, durfte Oliver Rauhut einen wissenschaftlichen Namen vorschlagen. Er nannte ihn *Brachytrachelopan mesai*, Mesas kurzhalsiger Hirtengott. Ein toller Name!

Wo finde ich Fossilien?

→ ***Du willst auch Fossilien suchen?***
Das geht zum Beispiel in einem Steinbruch mit Kalkstein aus dem Erdmittelalter. Aber frag erst den Besitzer oder die Besitzerin, ob es erlaubt ist, dort nach Versteinerungen zu suchen.

→ ***Klopfplätze***
In manchen Steinbrüchen kannst du Werkzeug ausleihen und gegen eine kleine Gebühr Kalkplatten spalten. Suche einfach im Internet nach Klopfplätzen.

→ ***Aber vorsichtig!***
In Steinbrüchen kannst du leicht abrutschen. Gehe deshalb immer mit deinen Eltern oder anderen Erwachsenen zum Fossiliensuchen. Handschuhe und Schutzbrille nicht vergessen!

IN DER JURAZEIT …
… jagten Plesiosaurier vor Englands Küste. Einige wenige versteinerten und warten nur darauf, gefunden zu werden.

Sag mal …

Yannik, 9 Jahre

»Was bedeutet das Wort Dinosaurier eigentlich?«

»Dinosaurier bedeutet Schreckensechse. Das Wort wurde erst 1841 erfunden, also vor weniger als 200 Jahren.«

Die erste Paläontologin

MARY ANNING
Sie hat versteinerte Meeressaurier entdeckt und viele andere ausgestorbene Tiere.

Schon als Kind suchte Mary Anning (1799 – 1847) den Strand nach Fossilien ab. Sie wuchs nicht weit von der Küste entfernt im Süden Englands auf. Die Versteinerungen verkaufte sie an Touristen, denn ihre Familie war arm. Mary brachte sich alles über Fossilien selbst bei.

Marys erster größerer Fund

Einmal entdeckte sie etwas, das wie ein riesiges Krokodil aussah. Aber es war viel besser: ein bis dahin unbekanntes ausgestorbenes Meerestier! Die Wissenschaftler in London fanden das mächtig interessant und nannten das Tier Ichthyosaurus, Fischechse.

Es kommt noch besser!

In den 1820er-Jahren fand Mary Anning ein mindestens ebenso spannendes Fossil eines ziemlich großen Tieres. Sie brauchte Monate, bis sie alle Knochen freigelegt hatte. Davon hat sie sogar Zeichnungen gemacht. Ein verrücktes Tier mit einem schlangenförmigen Hals, darauf der Kopf einer Echse und die Beine eines Wals. Gut, es waren eher Flossen.

Fälschung – ja oder nein?

Einige Forscher hielten das Skelett für eine Fälschung. Aber zwei Jahre später entdeckte Mary ein weiteres ähnlich aussehendes Exemplar. Nun war klar: Diese seltsamen Meerestiere gab es wirklich. Sie bekamen den Namen Plesiosaurus.

JURA-KÜSTE
Die Meereswellen haben die Sedimentschichten der Jurazeit freigespült. Hier suchte Mary Anning nach Meeresfossilien wie diesen Ammoniten.

Brutal und gefährlich sollen sie gewesen sein! Doch Tyrannosaurus-Eltern kümmerten sich liebevoll um ihren Nachwuchs.

Werde schnell groß, Kleiner!

VON WEGEN SCHRECKENSECHSE!
T. rex-Babys schlüpften aus 45 Zentimeter großen länglichen Eiern. Sie waren etwa so groß wie ein kleiner Hund. Allerdings hatten sie einen langen Schwanz. Mit ihren Zähnchen fingen sie wahrscheinlich Insekten und kleinere Echsen. Die Babys waren noch auf den Schutz ihrer Eltern angewiesen und – wer weiß – vielleicht waren sie auch verschmust.

Dino-Detektive

Sie setzen das Urzeit-Puzzle zusammen

Fossilien erzählen Geschichten. Du musst ihnen nur die richtigen Fragen stellen. In der Anfangszeit der Paläontologie konnten die Menschen die versteinerten Knochen nur bestmöglich zusammensetzen. So bekamen sie eine Vorstellung von der Gestalt und Größe eines Dinosauriers. Aber viele Fragen blieben offen.

Moderne Methoden

Heute können Wissenschaftlerinnen und Wissenschaftler im Computer darstellen, wie sich ein bestimmter Dinosaurier bewegte und wie schnell er war. Dazu schauen sie sich Skelette und Fußspuren genau an. Modelle von Kiefern und Muskeln, die die Forschenden im Computer ergänzen, zeigen, wie kräftig das Tier zubeißen konnte. So wissen wir, dass T. rex mühelos Knochen brechen konnte.

Der Röntgenblick

Um in Dino-Eier oder den versteinerten Schädel eines Dinos zu sehen, müssen Forschende das Fossil nicht zersägen. Stattdessen kommt das Fossil in den Computertomografen (CT) und wird mit Röntgenstrahlen durchleuchtet. Dieser CT-Scan zeigt, wie das Fossil innen aussieht. Manchmal werden empfindliche Fossilien einfach im Sedimentgestein gelassen. Der CT-Scan erspart die aufwändige Präparation, also das Freilegen aus dem Gestein.

IM COMPUTERTOMOGRAFEN
Durch 3-D-Röntgenaufnahmen wissen die Präparierenden, wo sie das Sediment besonders vorsichtig entfernen müssen, um das Skelett freizulegen.

Super Fakten

❶ *Besonders selten*

Dino-Mumien sind fossile Dinosaurier, bei denen Weichteile teilweise als Abdrücke erhalten sind. Das können zum Beispiel **Hautabdrücke** oder innere Organe sein.

❷ *Immer neue Dinos*

Jedes Jahr werden derzeit etwa **50 neue Dino-Arten** entdeckt. Insgesamt sind über 1500 Dinosaurierarten bekannt.

VIEL GEDULD
Unter der Lupe und mit ruhiger Hand befreit die Präparatorin die versteinerten Knochen vom umgebenden Sediment. Ein Fossil freizulegen kann Tausende Stunden dauern.

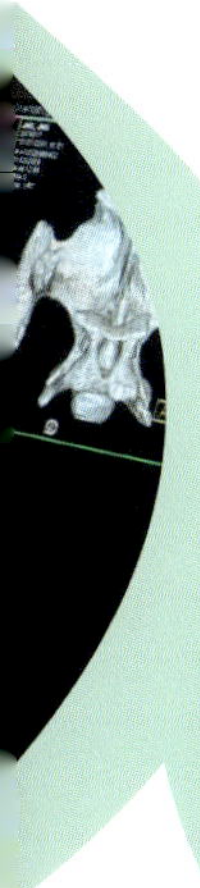

DINO-BAUCHNABEL
Ob Dinos wohl einen Bauchnabel hatten? Zumindest bei Psittacosaurus wurde einer entdeckt. Er sieht aus wie eine lange Narbe: Über die Nabelschnur waren die Dinos mit dem Eidotter verbunden und wurden mit Nährstoffen versorgt.

Der Elektronenblick

Heute arbeiten Dino-Forschende auch mit einem Supermikroskop, dem Raster-Elektronen-Mikroskop: Mit kleinen Teilchen, den Elektronen, wird das Fossil abgetastet. Ein räumliches Abbild der Oberfläche entsteht. So können die Expertinnen und Experten auch die Farbe von Federn bestimmen. Wie das geht? Schau doch mal in die Sprechblasen auf Seite 23.

Ein bisschen Chemie

Wer Dinos erforscht, kann auch die Chemie nutzen. Denn einige chemische Substanzen haben sich in den Versteinerungen erhalten. Diese können Forschende analysieren und so wichtige Fragen beantworten: War dieser Dinosaurier ein wechselwarmes Tier? Hing also seine Körpertemperatur von der Umgebungstemperatur ab wie bei Stegosaurus und Triceratops? Oder war er ein Warmblüter, immer auf Betriebstemperatur wie zweibeinige Raubsaurier, Sauropoden, Fisch- und Meeressaurier?

Es war einmal ...

... in Hell Creek gegen Ende der Kreidezeit

Hell Creek bedeutet übersetzt Höllenbach und ist eine fossilienreiche Region in den USA. Die Fossilien dort sind 66 bis 68 Millionen Jahre alt und erzählen von den letzten Tagen der Dinosaurier: Die heute so trockene und raue Landschaft war einst eine feuchte grüne Welt und die Heimat berühmter Dinosaurierarten.

HELL CREEK
Dino-Forschende lieben diese Region. Hier wurden zum Beispiel Fossilien von Ankylosaurus und T. rex gefunden.

Dino-Paradies

Im Vordergrund weidet eine Gruppe Torosaurier. Zwei von ihnen scheinen gerade zu klären, wer hier der Chef ist. Dahinter mampfen Edmontosaurier. Sie gelten als die Kühe der Kreidezeit und ziehen in großen Herden umher. Bei Gefahr warnen sie sich durch Rufe, die kilometerweit zu hören sind. Der T. rex auf der anderen Seite des Flusses ist im Moment keine Gefahr.

Klein und pelzig

Während Edmontosaurus, Torosaurus und T. rex zusammen mit vielen anderen Arten am Ende der Kreidezeit aussterben, überleben einige kleine Säugetiere. Darunter sind auch die Nachfahren von Purgatorius. Das Tier ist etwa so groß wie ein Eichhörnchen und bewegt sich geschickt in den Bäumen. Seine Nachfahren werden sich zu Primaten entwickeln.

UNSER VORFAHR?
Purgatorius ist ein Säugetier der Kreidezeit. Wir Menschen stammen von solch pelzigen Säugern ab.

Vor 66 Millionen Jahren schlägt ein gewaltiger Asteroid im heutigen Mexiko ein.

MÄCHTIGER ALS DER MOUNT EVEREST

Seine Größe von 10–15 Kilometer Durchmesser und die enorme Geschwindigkeit von 50 000 Kilometern pro Stunde machen den Gesteinsbrocken aus dem All zu einem tödlichen Geschoss. Er trifft die Erde im ungünstigsten Winkel und auch noch dort, wo er am meisten Schaden anrichten kann! Die Katastrophe nimmt ihren Lauf.

Der Tag X

Der Tag des Einschlags

Treffer mit Folgen

Was ließ die meisten Dinos aussterben? Heute wissen wir, dass der Asteroid den Dinos und vielen anderen Tier- und Pflanzenarten den Todesstoß gab.

Kein Entkommen

Wer diese Feuerkugel sieht, ist auch schon tot. Superheiße Winde rasen in alle Richtungen. Sie vernichten jedes Leben im Umkreis von rund 2000 Kilometern.

Tödlicher Blitz

Der Asteroid schlägt dort ein, wo heute die mexikanische Halbinsel Yukatan liegt. Ein greller Blitz heller als tausend Sonnen leuchtet auf.

Tsunamis

Der Einschlag löst riesige Flutwellen aus. Meerestiere werden an Land geworfen und Landtiere beim Rückzug der Welle ins Meer gezogen. Die Schockwelle löst Erdbeben und Vulkanausbrüche aus.

Asteroid oder Vulkanismus?

Es deutet alles darauf hin, dass die Dinos auch ohne den Asteroiden ausgestorben wären. Forschende sind sich zwar einig, dass vor 66 Millionen Jahren ein Asteroid einschlug. Wahrscheinlich trug aber auch ein gigantischer, viele Tausend Jahre dauernder Vulkanismus dazu bei, dass sich die Lebensbedingungen auf der Erde dramatisch änderten.

Das Loch

Die Erdkruste wird explosionsartig nach unten und zu den Seiten geschoben. Innerhalb von einer Minute entsteht ein riesiges Kraterloch. An den Rändern türmt sich ein gebirgshoher Schuttwall auf.

Sag mal …

Sophia, 10 Jahre

»Kann so ein Asteroid heute auch die Erde treffen?«

»Ein solcher Asteroiden-Treffer ist sehr selten. Heute werden alle erdnahen Brocken im All überwacht. Erste Versuche, Asteroiden mit Raumsonden abzulenken, werden bereits durchgeführt.«

Chicxulub-Krater

Das aufgetürmte Gestein fließt wieder in die Mitte, und der zusammengestauchte Erdmantel schwingt nach oben. Zurück bleibt ein 30 Kilometer tiefer Krater von 180 Kilometern Durchmesser.

Massenaussterben

Meeressaurier, Flugsaurier und viele Dinosaurier sterben aus. Auch eine Menge Vogel- und Säugetierarten verschwinden. Doch es gibt Überlebende – auch unter den Dinos! Das Leben geht weiter.

Flächenbrände

Die Atmosphäre erhitzt sich für kurze Zeit auf mehrere Hundert Grad Celsius. Selbst auf fernen Kontinenten brennen Steppen, Wälder und Tiere.

Und nach der Katastrophe?

→ ***Es wurde bunter***
Als Erstes erholten sich Farne, und über Tausende von Jahren kamen Bäume wieder. Auch die Blütenpflanzen verbreiteten sich.

→ ***Neue Lebensräume entstanden***
Sie wurden von den überlebenden Arten besetzt. Vögel und Säugetiere verbreiteten sich besonders erfolgreich.

→ ***Die Gewinner der Katastrophe***
Aus den wenigen kleinen und unscheinbaren Arten entwickelte sich eine Vielfalt an neuen Vogel- und Säugetierarten.

RIESENGÜRTELTIER
Glyptodon lebte in Südamerika.

RIESENFAULTIER
Megatherium wurde 4 Tonnen schwer. Klar, dass es nicht in den Bäumen lebte, sondern am Boden. Mit seinen gewaltigen Krallen zog Megatherium Äste zu sich heran und fraß die Blätter.

Ein Happy End!

Der Asteroiden-Einschlag betraf die ganze Welt. Doch er löschte nicht alles Leben aus.

Wer hat überlebt?

Einige Amphibien und Reptilien, Insekten, Hundertfüßer, Würmer und Schnecken überlebten den Einschlag und auch die harte Zeit danach. Zu den Überlebenden zählten auch einige wenige Säugetiere und bodenlebende kleine Dinosaurier mit Federn.

Vögel und Säuger

Diese Urvögel fanden ausreichend harte Samen und Nüsse, die sie mit ihren zahnlosen Schnäbeln knacken konnten. Von dieser Nahrung und von Insekten und anderen kleineren Tieren lebten auch die Säugetiere. Ihr Vorteil waren ihre Zähne. Mit ihnen konnten sie härtere Nahrung zerkleinern.

Riesenvögel und Riesensäuger

Unter den sich entwickelnden neuen Vogel- und Säugetierarten waren auch enorm große Tiere. Schau dir mal die Bilder und Zeichnungen an. In Australien entwickelte sich mit den Beuteltieren sogar eine eigene Tierwelt: Das größte Beuteltier war Diprotodon. Der Vorfahr der heutigen Wombats wog zwei Tonnen. Mit seinen großen Schneidezähnen rupfte er Blätter von Zweigen, knabberte Baumrinde und grub Pflanzenwurzeln und -knollen aus.

Riesenräuber

In einer Welt der großen Pflanzenfresser gab es natürlich auch große Fleischfresser. Andrewsarchus wurde fast vier Meter lang und konnte mit seinem starken Kiefer sogar Knochen zerbeißen. Und Smilodon, eine große Säbelzahnkatze, machte wahrscheinlich Jagd auf Riesenfaultiere.

GIGANTISMUS
Aus den nur rattengroßen überlebenden Säugetieren entwickelten sich wahre Riesen.

Smilodon
Länge: 1,75 Meter

Glyptodon
Länge: 3,5 Meter

Andrewsarchus
Länge: fast 4 Meter

Diprotodon
Länge: 4 Meter

Megatherium
Länge: 6 Meter

Paraceratherium
Länge: 7,5 Meter

GRÖSSTES LANDSÄUGETIER ALLER ZEITEN
Paraceratherium hatte eine Schulterhöhe von 5,5 Metern. Der Pflanzenfresser war aber harmlos – wenn man nicht gerade unter seinen tonnenschweren Körper geriet: Er wog ungefähr so viel wie drei Elefanten.

Ein Dino als Haustier?

Aus Geschichten kennen wir verrückte Wissenschaftler, die ausgestorbene Dinosaurier des Erdmittelalters zum Leben erwecken. Was wäre, wenn du in die Zoohandlung gehen und dir einen Dino aussuchen könntest?

Sag mal ...

Amina, 8 Jahre
»Aber wenn ich wirklich einen Dino haben möchte?«

»Dann könntest du Hühner halten – sind ja schließlich schon Dinosaurier und überaus spannende Tiere.«

Aber welchen nur?

Einen T. rex? Woher das viele Fleisch nehmen? Gassi gehen im Stadtpark? Und was sagst du, wenn dir jemand entgegenkommt? Ganz klar: »Ach, der will nur spielen!« Einen Diplodocus alleine halten? Sauropoden sind Herdentiere! T. rex und Diplodocus eignen sich definitiv nicht für die Wohnung. Auch die meisten Gärten sind viel zu klein. Es ist ohnehin nur ein Gedankenspiel, denn die ausgestorbenen großen Dinos haben kein Erbgut hinterlassen. Es wird sie wohl nie wieder geben. Aber es gibt eine andere Möglichkeit ...

EIN HUHN IST EIN DINO!
Um es noch dinomäßiger aussehen zu lassen, würde man ihm einen langen Knochenschwanz verpassen. Doch dafür ist der Rest des Skeletts nicht ausgelegt und der Chickenosaurus könnte nur schlecht damit laufen.

Chickenosaurus basteln?

Der Wissenschaftler John »Jack« Horner möchte abgeschaltete Gene eines Haushuhns wieder anschalten. So könnte es Krallenhände an den Flügeln bekommen. Verloren gegangene Gene wie für einen langen Schwanz könnte er von Alligatoren nehmen. Andere Wissenschaftlerinnen und Wissenschaftler halten den Chickenosaurus, also Hühnersaurus aber für keine gute Idee. Genmanipulationen werfen Fragen auf: Dürfen wir so stark in das Leben eingreifen? Wäre ein Huhn nicht als Huhn glücklicher?

Dinos zum Leben erwecken

Das geht nur in Filmen wie Jurassic Park: In einem Stück Bernstein aus dem Erdmittelalter ist eine Stechmücke eingeschlossen, die Dino-Blut gesaugt hat. Daraus wird das Dino-Erbgut isoliert, mit dem neue Dinos gemacht werden. In Wirklichkeit funktioniert so etwas nicht. Erbgut ist sehr empfindlich und hält sich höchstens einige Tausend Jahre.

Tipps für die beste Wahl

→ *Eigenwillig*
Dinosaurier sind Reptilien, und wer schon mal mit einem Krokodil zusammengelebt hat, weiß: Sie sind anders drauf. Ja, manche haben Säugetiere zum Fressen gern.

→ *Auslauf*
Als Wildtiere brauchen Dinos viel Auslauf. Manche, wie Diplodocus, fressen Unmengen an Grünzeug. Du wirst einen seeeehr großen Garten benötigen, besser einen Riesenpark.

→ *Freilandhaltung!*
Nur wenige Dino-Arten eignen sich als Haustiere. Am besten: Hühner, Enten, Gänse – für Garten und Hof.

DEIN NEUES HAUSTIER?
Sieht nett aus, aber: Dineobellator ist als Haustier eher weniger geeignet. Der freche Räuber aus der Kreidezeit war sehr kämpferisch und über 3 Meter lang.

Wer hat dieses Buch geschrieben?

UNSER AUTOR
Wann auch immer Manfred einen Archaeopteryx sieht, muss er genau hinschauen. Es gibt so viel zu entdecken. Die Krallen, den Schnabel und die Federn …

»Mittlerweile wurden elf Skelette und eine einzelne Feder von Archaeopteryx gefunden.«

Im Gespräch mit ...

Dr. Manfred Baur, Naturwissenschaftler, Dokumentarfilmer, Autor
Wurde von einem Maiasaurus-Paar adoptiert und aufgezogen. Sie haben ihn sogar Chemie studieren lassen. So ähnlich muss es gewesen sein ...

WAS FINDEST DU AN DINOS BESONDERS TOLL?

Dass sie so lange Zeit gelebt haben und einige so gewaltig groß und stark waren. Und dass sie sogar dort spazieren gegangen sind, wo ich heute wohne. Ich bin hin und weg, wenn ich Enten, Gänse oder andere Vögel sehe: Dinos sind immer noch bei uns – nur eben in anderer Form.

WAS WÜRDEST DU TUN, WENN DU EINEM DINO BEGEGNEST?

Kommt darauf an, was für ein Dino das ist. Bei einem Ankylosaurus wäre ich gelassen. Einfach einen Bogen um ihn machen und gut ist es. Bei einem Tyrannosaurus rex ist mein Ratschlag: keine Panik! Am besten stehen bleiben und hoffen, dass er mich nicht bemerkt. Falls doch, würde ich mich gaaanz laaangsam rückwärts bewegen. Und immer das Beste hoffen.

WAS KÖNNEN WIR VON DINOS LERNEN?

Dinosaurier erzählen uns eine Menge darüber, wie unsere Erde früher aussah und wie sich das Klima immer wieder verändert hat. Sie zeigen uns, wie Tiere sich an ihre Umgebung anpassen können. Wer Dinos versteht, weiß jede Menge über das Leben.

Bildquellennachweis:
AdobeStock: Inh.-Verz.ul (Dinaaf), 20ol (T-Rex: fotokitas), 27o (Ichthyosauria : KozyrevaElena); **Furch, Julia:** 48mr; **Getty Images:** 6l (bortonia), 7m (Roman Garcia Mora/Stocktrek Images), 7u (Arthur Dorety/Stocktrek Images), 26-27Hg. (MARK GARLICK/ SCIENCE PHOTO LIBRARY), 30or (Layne Kennedy), 33mr (Steilküste: Thegoodly), 33ur (Fossil: Ashley Cooper), 34-35 (MARK GARLICK/ SCIENCE PHOTO LIBRARY), 37or (benedek), 38 (Stocktrek Images), 43mr (MARK GARLICK), 47; **Image Professionals GmbH (spl):** 10 (JOHN SIBBICK), 18-19um (CARLTON PUBLISHING GROUP), 36or (Philippe Psaila), 43ml (Detlev Van Ravenswaay); **mauritius images:** 11ul (The Natural History Museum / Alamy Stock Photos), 19ur (Science Photo Library / Mark Garlick), 40-41 (mauritius images / SunFlowerStudio / Alamy Stock Photos); **picture alliance:** 4or (Susan Kargut / dieKLEINERT.de), 5ml (Susan Kargut / dieKLEINERT.de), 37ml (Fossil: Jakob Vinther;Bob Nicholls); **Prof. Rauhut, Oliver:** 29om, 30-31um; **Shutterstock:** Inh.-Verz.um (Ankylosaurus: Innakote), Inh.-Verz.r (Dotted Yeti), 2 (Dotted Yeti), 4or (Pikaia: Warpaint), 4m (Dimetrodon: SciePro), 4ur (Herschel Hoffmeyer), 5ul (Elenarts), 5mr (Dotted Yeti), 5ur (Esteban De Armas), 6or (Dotted Yeti), 8-9Hg. (Dotted Yeti), 12-13om (Orla), 13ul (Elenarts), 14 (DM7), 15l (Velociraptor: Jomic), 15l (Triceratops: Miceking), 15l (Ankylosauru: Zhenyakot), 15l (Theropode: Buch and Bee), 15l (Seismosaurus: dkvektor), 15l (Iguanodon: Miceking), 15ur (Warpaint), 16-17Hg. (Herschel Hoffmeyer), 17u (Seismosaurus: dkvektor), 17u (Alexander Uzhakin), 17ol (Diplodoc: Dariush M), 18ul (Herschel Hoffmeyer), 20ol (Huhn: Lukas Beno), 20um (Huhn: Lukas Beno), 20-21m (T-Rex: non c), 22-23um (Dotted Yeti), 23mr (Dotted Yeti), 24or (Langschwanz-Pterosaurier:: Kristina Chistiakova), 24or (Kurz-schwanz-Pterosaurier: Hendrafhx), 25o (Warpaint), 27o (Plesiosaurus: dkvektor), 27o (Liopleurodon: dkvektor), 32 (Michael Rosskothen), 39ml (Laurens Hoddenbagh), 39um (Warpaint), 42or (Mikael Damkier), 42m (Blitze: Alik Mulikov), 42mr (Tsunami: Vikks), 43ol (Olleg Visual Content), 43ul (AlexZaitsev), 44 (Daniel Eskridge), 45or (Esteban De Armas), 45r (Smilodon: Green Wall Std), 45r (Glyptodon: Kozyreva Elena), 45um (Michael Rosskothen), 45r (Wolf: Kozyreva Elena), 45r (Diprotodon: Kozyreva Elena), 45r (Megatherium: Kozyreva Elena), 45r (Indricotherium: Apyhea), 48Hg. (Redchanka); **Weißmann, Annelie:** 28-29; **Wikipedia:** 4ul (CC BY- SA 4.0 / Nobu Tamura), 5ol (CC BY- SA 3.0 / Nobu Tamura), 24ur (CC BY 2.5 / Leon P. A. M. Claessens, Patrick M. O'Connor, David M. Unwin), 33or (PD / Mr. Grey' in Crispin Tickell's book ‚Mary Anning of Lyme Regis' (1996)), 46ul (CC BY SA 2.0 / Meet the media Guru)

Vorsatz: Getty: (MARK GARLICK/SCIENCE PHOTO LIBRARY)

Umschlagfotos: AdobeStock: U1 (DALU11), **Shutterstock:** U4 (Herschel Hoffmeyer)

Gestaltung: Tessloff Verlag
Lektorat: Lisa Herden
Grafik: Annelie Weißmann, Martina Green
Bildredaktion: Tanja Wulf, Die Bildbeschaffer GmbH
Drucker: Livonia Print

www.tessloff.com

ISBN 978-3-7886-7710-7

FSC www.fsc.org MIX Papier | Fördert gute Waldnutzung FSC® C002795

✓ Hab ich schon.

✗ Brauch ich noch!